www.tredition.de

Lamin Kargbo

Du bist bereit(s)

Erkenne Dich Selbst

www.tredition.de

© 2019 Lamin Kargbo

Verlag und Druck: tredition GmbH, Haleneie 40-44, 22359 Hamburg

ISBN
Paperback: 978-3-7482-5407-2
Hardcover: 978-3-7482-5408-9
e-Book: 978-3-7482-5409-6

Dieses Buch ist Lennox Amara und Beatrice Joy Kargbo gewidmet.

Ein großer Dank geht an Meine Mutter Christine Kupfernagel-Kargbo, an Joana Fatondji, Marc Bechtle und Anusche Azarnia. Ohne Eure Hilfe wäre dieses Bich niemals entstanden

Presented by:

IAMMOVEMENT

„Denn wer hat dem wird gegeben werden,

und er wird die Fülle haben."

Matthäus 25:29

Einleitung

Unzählige Bücher wurden bereits über die Funktionsweisen des Unterbewusstseins geschrieben. Wie Du die Macht des Unterbewusstseins entfaltest, wie Du die versteckten Kräfte Deines Unterbewusstseins nutzt oder wie Du Dein Unterbewusstsein neu programmierst . Auch wenn die Auswahl groß ist, ist sie noch nicht vollständig.

Selbsterkenntnis, und die damit verbundene Befreiung Deines Bewusstseins, ist der einzige Weg zu Frieden und Glückseligkeit. Wenn Du Dich mit offenen Augen in der Welt umschaust, erkennst Du schnell, dass ein Großteil der Menschheit sehr weit von diesem Zustand entfernt ist.

Daher lasse ich es mir nicht nehmen, ein paar weitere Kapitel zu dieser Thematik hinzuzufügen. Wie das alte Sprichwort schon sagt, gibt es nichts Neues unter der Sonne. Nichts desto trotz möchte ich auf den folgenden Seiten meine Erfahrung teilen, in der Hoffnung, dass andere daraus einen Nutzen für sich ziehen können.

Die Aussagen, die ich über die geistigen Prinzipien treffe, werden von vielen als pseudo-wissenschaftlich abgetan oder belächelt werden. Zahllose Erfahrungsberichte und in erster Linie meine persönliche Erfahrung bestätigen mir jedoch immer wieder wie zuverlässig diese natürlichen Gesetzmäßigkeiten wirken. Daher fühle ich mich umso mehr darin bestärkt, die Erkenntnisse, die ich die letzten Jahre über gewonnen habe, mit anderen zu teilen.

Im heutigen „Informations-Zeitalter" haben wir allein durch das Smart-Phone in unseren Taschen Zugang zu mehr Wissen, als es sich ein begieriger Schüler vor 100 oder 200 Jahren hätte erträumen können. Mit einem kurzen Mausklick kommen wir mittlerweile innerhalb von Sekunden an tiefschürfende Bücher, für die wir vor geraumer Zeit noch lange Reisen zu weit entfernten Bibliotheken hätten auf uns nehmen müssen und für deren Inhalte Menschen über die Jahrhunderte verfolgt, gefoltert und getötet wurden.

Für mich ist es eine ständige Herausforderung, dieses zeitlose und ursprüngliche Wissen, zu dem wir heute so leichten Zugang haben, auch wirklich in meinem alltäglichen Leben anzuwenden. Ich möchte daher nicht den Zeigefinger erheben und wenn ich Dich hier mit „Du" anspreche, dann spreche ich genauso mich selber damit an.

Den Weg in unsere ureigene Kraft zu finden, ist für jeden von uns ein individueller Prozess, und in den folgenden Kapiteln beschreibe ich einige der Lektionen, die ich für mich selbst als hilfreich auf diesem Weg erkannt habe.

Ich habe lange den Wunsch in mir getragen, ein eigenes Buch zu schreiben. Ich hatte jedoch immer das Gefühl, dass ich dazu noch nicht bereit bin oder dass ich nicht dazu in der Lage bin, etwas zu verfassen, das es würdig wäre, veröffentlicht zu werden. Ich musste zuerst erkennen, dass ich bereits der Autor bin, der ich gerne sein möchte und anfangen so zu denken und zu handeln, damit dieses kurze Buch entstehen konnte.

Genau so trägt jeder von uns bereits das Potential in sich, seine Wünsche umzusetzen und zu verwirklichen. Meine feste Überzeugung ist es, dass jeder von uns die Fähigkeit besitzt sein Leben nach ihren oder seinen Vorstellungen zu gestalten.

Die Gesellschaft hat Dir vielleicht eine bestimmte Rolle oder Position zugeschrieben. Das heißt aber nicht, dass Du auf ewig darin gefangen bleiben musst. Du kannst Deine Rolle jeder Zeit transformieren und einem grundlegenden Wandel unterziehen.

Die Techniken und Methoden durch die sich dieser Wandel bewerkstelligen lässt, habe ich auf den folgenden Seiten so zusammengefasst, wie ich sie kennengelernt habe. Der Ausgangspunkt für dieses Buches war es, ein freieres, erfüllteres und selbstbestimmteres Leben führen zu wollen. Genauso freue ich mich, andere Menschen zu sehen, die diesen Weg beschreiten und Fortschritte machen. Daher möchte ich hiermit gerne zu diesem Fortschritt beitragen.

In diesem Sinn, kann es losgehen. Denn Du bist bereit(s).

1. Von Annahmen und was wir annehmen

1.1 Wo stehen wir?

Die westliche Konsumgesellschaft, die sich mittlerweile in (beinahe) alle Teile der Welt ausgebreitet hat, lebt von dem Glauben an ständig anhaltendes wirtschaftliches Wachstum. Um die Maschine am Laufen zu halten, muss dieses Wachstum also kontinuierlich generiert werden. Dazu ist es notwendig, bei Dir, als potentiellem Konsumenten, künstlich immer neue Bedürfnisse zu wecken.

Diese sollen Dich dazu animieren, zum Beispiel den neusten 7K Flachbildschirm mit noch schärferer Auflösung, das I-Phone 28i oder den Rasierer mit der fortschrittlichsten Klingen-Technik zu erwerben, damit Du so zum sehnsüchtig erhofften Wachstum beiträgst. Infolgedessen wirst Du rund um die Uhr mit Werbebotschaften bombardiert. Der eigentliche Vorgang geht aber noch viel tiefer.

Denn es geht immer darum Dir zu vermitteln, dass Du Dein Glück (also das, nach dem alle von uns zu streben scheinen) irgendwo im *Außen* finden könntest. Dadurch, dass Du zum Beispiel den teuersten Wagen fährst, den „heißesten" Partner findest oder den durch-trainiertesten Körper bekommst.

Im gleichen Atemzug bist Du unaufhörlichen Angriffen auf alle Ebenen Deines *Seins* ausgesetzt. Das passiert durch minderwertige Nahrung (Körperliche-Ebene), durch mediale-Berichterstattung (Mentale-Ebene) und durch religiöse Indoktrinierung(Seelische-Ebene).

Alle diese Faktoren dienen dem Zweck, Dich auf einer niedrigen Schwingungs-Frequenz[1] zu halten. Befindest Du Dich nämlich auf einer der höheren Bewusstseinsstufen, ist Dir klar, dass wahres Glück nur von *Innen* heraus entstehen kann und Du machst Dich dadurch völlig unabhängig von jeglicher Industrie und den dazugehörigen Produkten.

Das kann den Verfechtern des vorherrschenden Systems verständlicherweise kaum gefallen, da es eben die Grundfesten genau dieses Systems erschüttert. Bei den Verfechtern des vorherrschenden Systems spreche ich nicht unbedingt von gierigen Investmentbankern, herzlosen CEOs multinationaler Konzerne oder korrupten Politik-Eliten.

Das kann genauso gut ein Vorgesetzter oder ein Lehrer sein, der dabei Befriedigung empfindet, Dich zu unterdrücken und unverhältnismäßige Macht über Dich auszuüben. Selbstverständlich findet das ganze hier in einer anderen Größenordnung statt.

Nichts desto trotz hat derjenige ein Interesse daran, den Status quo aufrecht zu erhalten, da sie oder er meint, einen Profit daraus zu ziehen. So können auch Du und Ich, abhängig von der jeweiligen Situation, schnell zum Verfechter der vorherschenden Ordnung werden.

Der Punkt ist, dass die wirkliche Revolution im individuellen Bewusstsein stattfindet und daher wird auch alles dafür getan, Ignoranz und Verwirrung unter den Menschen zu verbreiten.

Fernsehen, Internet und sonstige Medien spielen dabei natürlich eine bedeutende Rolle (Schalt mal RTL, Pro 7 aber auch ARD und ZDF ein und Du wirst, glaube ich, verstehen, was ich meine).

Genauso kannst kannst Du Dir auch den Großteil der Musikvideos moderner Musiker anschauen, die einen extrem materialistischen Lebensstil promoten.

Es fängt bereits in den Schulen an. Hier wird uns beigebracht, bestimmte Theorien (s. Darwins Evolutions-Theorie) als unumstößlich zu akzeptieren und bestimmte Denk- und Verhaltensmuster ungefragt anzunehmen. Auf die vielschichtigen Methoden des „Social-Engeneering"[2], von „Mind-Control"[3] und Massenpsychologie[4] möchte ich aber nicht weiter eingehen, weil es an dieser Stelle den Rahmen sprengen würde und die Geschichte des Buchs nicht voranbringt. (Es gibt aber genug andere Literatur, Berichte und Dokumentationen für jeden, der sich näher mit diesen Themen auseinandersetzen möchte.)

Das Wichtige für Dich persönlich, ist es, nach *Innen* zu schauen, Dein wahres Selbst zu erkennen und zu verstehen, zu was Du in Wirklichkeit fähig bist.

1.2 Das waren die anderen, ich kann gar nichts dafür...

Die Mehrzahl der Menschen tendiert dazu, die Verantwortung für ihre eigenen Probleme bei anderen zu suchen, im *Außen*. Deine Mutter ist an allem Schuld wegen ihrer Erziehung, Dein schrecklicher Ex, Dein Chef oder alle auf einmal. Eventuell sind auch die Gesellschaft, die Politik („Danke Merkel") oder die Freimaurer der Grund dafür, dass Du unglücklich bist und nicht so leben kannst wie Du es eigentlich gerne möchtest.

Manche dieser Punkte haben sicherlich ihre Berechtigung, zeigen aber nichts desto trotz, dass Du Dich mit einer Opfer-Rolle abgefunden hast. Das klingt vielleicht hart, kann aber geändert werden, indem Du ehrlich zu Dir Selbst bist.

Und das heißt, Selbstverantwortung zu übernehmen und zu akzeptieren, dass niemand außer Dir die Macht hat, über Dein eigenes Wohlbefinden zu bestimmen.

Jeder von uns hat Situationen erlebt, in denen wir uns ungerecht behandelt gefühlt haben oder in denen uns Leid angetan wurde. Der eine mehr, der andere weniger. Die entscheidende Frage ist aber, inwiefern Du zulässt, dass diese Erfahrungen Einfluss auf Dein Selbstbild nehmen.

Das Einzige, was im Leben über Dein Schicksal entscheidet, ist das Bild, dass Du Dir von Dir Selber machst. Letztendlich geht es darum, einzusehen, dass alles was Du im *Außen* wahrnimmst, nichts anderes ist als ein Spiegel Deiner inneren Welt. Und das Großartige daran ist, dass Du durch diese Sichtweise auf die Dinge die Souveränität über Dein gesamtes Dasein zurückgewinnst.

Denn Deine innere Haltung zu verändern, ist ein Prozess, der komplett in Deiner eigenen Hand liegt. Das bedeutet im Umkehrschluss, dass Du selber die Macht hast, Dein Umfeld zu gestalten und nicht hilflos beliebigen äußeren Einflüssen unterworfen bist.

Auf der anderen Seite wird diese Einsicht auch schmerzhaft für Dich sein, denn du wirst erkennen, dass Du das Leid, das Du so lange mit Dir herumgetragen hast, selber kreiert hast. Wie konnte es dazu kommen? Denn eigentlich, weißt Du, dass Du nach innerer Zufriedenheit und Glück suchst.

Warum hast Du dann so oft auf Deinem bisherigen Weg genau das Gegenteil davon erschaffen? Welche Annahmen haben dazu geführt, dass Du durch ein negatives Selbstbild dominiert wirst, dass Dich daran hindert Dein volles schöpferisches Potential zu entfalten?

1.2.1. Wer hat Dir das eigentlich beigebracht?

Gehen wir erst mal ein Stück zurück. Wie und wann ist Dein Selbstbild überhaupt entstanden? Wenn Du im Kindesalter anfängst, Dir Deiner Selbst bewusst zu werden, ziehst Du zunächst aus den Reaktionen anderer auf Dich, Schlüsse, wer Du eigentlich bist.

Diese anderen sind zunächst mal Deine Eltern, Deine Familie und Dein sonstiges näheres Umfeld (bis es sich später auf größere Teile der Gesellschaft ausweitet und Freundeskreis, Schule und auch Medien eine immer bedeutendere Rolle übernehmen).

Die Reaktionen dieser *anderen* sind jedoch immer durch ihre eigenen Annahmen und Einstellungen geprägt.

Manche dieser Annahmen können für Deine Entwicklung förderlich sein, in vielen Fällen sind sie es nicht. Vielleicht waren sie zu einem bestimmten Zeitpunkt hilfreich für Dich, aber heute ist ihr Wert für Dich schon lange abgelaufen.

Wenn wir einen Computer zum Vergleich heranziehen, so hatte zum Beispiel Windows 95 zu seiner Zeit einen Nutzen, ist mit aktuellen Programmen und Apps aber nicht mehr kompatibel.

Das heißt nicht, dass Dir Deine Nächsten mit ihrer Erziehung zwangsläufig etwas Schlechtes wollten. Höchstwahrscheinlich wussten sie es einfach selber nicht besser. Deswegen bringt es Dich auch nicht weiter, immer und immer wieder im Detail durchzukauen, was Dir Deine Mutter, zum Beispiel, mit ihrer Erziehung nicht alles „Schlimmes" angetan hat.

Frag Dich lieber, wie Du Deine Annahmen über Dich Selber, die aus Deiner Geschichte resultieren und zu einem für Dich unvorteilhaften Selbstbild geführt haben, durch geeignetere ersetzen kannst. Oder um bei dem Vergleich mit dem Computer zu bleiben; wie kannst Du Dein Betriebssystem auf den neusten Stand der Technik „upgraden"?

1.2.2 Spieglein, Spieglein...

Wir haben ja bereits festgestellt, dass alles was wir im *Außen* wahrnehmen, einen exakten Spiegel für unser Selbstbild darstellt. Daher brauchst Du nur ganz ganz genau Deine Lebenssituation zu betrachten, um herauszufinden, was Deine wirklichen inneren Glaubenssätze sind.

Wünschst Du Dir eigentlich von tiefstem Herzen, eine liebevolle Partnerschaft zu führen, landest aber immer wieder in Beziehungen, die durch Missbrauch geprägt sind? Kann es sein, dass Du insgeheim annimmst, nicht gut genug zu sein, um wirklich geliebt zu werden.

Oder gerätst Du oft in Situationen, ob in der Schule, am Arbeitsplatz oder im Freundeskreis, in denen Du Dich gemobbt oder von anderen unterdrückt fühlst? Trägst Du dann nicht irgendwo in Dir die Annahme, dass Du weniger Wert bist als andere und daher diese Art von Behandlung verdienst?

All diese Annahmen wurden Dir irgendwann einmal von jemand anderen so gesagt oder durch eine bestimmte Verhaltensweise entsprechend vermittelt.

Das bist aber nicht Du, sondern nur ein Selbstbild, das dadurch entstanden ist, dass andere ihre eigenen Unzulänglichkeiten auf Dich projiziert haben. Dieses Selbstbild ist aber nicht in Stein gemeißelt und kann immer wieder transformiert werden.

Sobald Du Dir darüber im Klaren bist, zählen Sätze wie „Ich bin halt nun mal so..." oder „Ich hab diese Art eben von meinem Vater geerbt", für Dich nicht mehr. Es gibt keine Ausrede dafür, in einem bestimmten Verhaltensmuster gefangen zu bleiben, solange Du dich nicht selber dafür entscheidest. Bruce Lipton schreibt in seinem sehr zu empfehlenden Buch „Intelligente Zellen-wie Erfahrungen unsere Gene steuern", dass „DNA eine Lüge" ist. Was das heißt ist, dass sich sogar Deine genetischen Eigenschaften, die wir im Allgemeinen für unveränderlich halten, durch innere Überzeugungskraft modifizieren lassen.

Du bist nicht an bestimmte Verhaltensmuster oder Krankheitsbilder gebunden, nur weil sie in Deiner Familie häufig aufgetreten sind. Die Art, wie Du denkst und fühlst hat einen viel größeren Einfluss, als wir im Allgemeinen für möglich halten. Deine Zellen reagieren auf die mentalen und emotionalen Strömungen, die Du aussendest.

Das heißt, dass der Grad Deines Wohlbefindens erheblichen Einfluss darauf hat, welche Codes in Deiner DNA aktiviert werden und welche nicht.

1.2.3 Entschuldigung, wie viel kostet die Freiheit da?

Jeder, der in irgendeinem Feld Erfolge gefeiert hat, egal in welchem, muss mit einem positiven Selbstbild an die Sache herangegangen sein. Wenn Du Dich nicht in der Lage dazu siehst, ein beliebiges Vorhaben umzusetzen, dann wirst Du es niemals umsetzen können, auch wenn es sich dabei nur um Kaffee-Kochen handelt.

Wie sehr willst Du also erfolgreich sein, in dem, was Du tust? Bist Du bereit, die nötige Energie aufzubringen, um Dich von den alten Glaubenssätzen zu trennen, die Dich daran hindern?

Diese mögen zwar nicht hilfreich sein, sind aber oft bequem genug dazu, um sich auf ihnen auszuruhen und weiter anderen die Schuld für Deine Lage in die Schuhe zu schieben.

Wie viele von uns beschweren sich ständig über irgendetwas in unseren Leben? Wenn uns dann aber wirklich konkrete Lösungsansätze präsentiert werden, finden wir schnell einen Grund, warum sie sich nicht umsetzen lassen. Denn ja, es kostet viel Energie die festgefahrenen Annahmen zu ändern, die Dich begleiten, seit Du denken kannst. Also bleiben die meisten lieber in ihrer Komfortzone. Hier hast Du es Dir zwar gemütlich eingerichtet, aber Deinem Glück kommst Du nicht näher, weil hier das dafür nötige Wachstum ausbleibt.

Vielleicht hört es sich erst mal anstrengend an, Deine hartnäckigen limitierenden Glaubenssätze zu verwerfen und Dir ein unerschütterlich positives Selbstbild aufzubauen. Dieser Preis ist aber sehr gering, wenn der Gegenwert, den dafür erhältst, Selbstverwirklichung und wachsende persönliche Freiheit beinhaltet.

2. Bewusstsein ist Alles

2.1 Warum Dein Selbsthilfe-Buch Dich nicht glücklich macht...

Du brauchst nur kurz in den nächsten Buchladen in Deiner Stadt zu gehen und Du wirst feststellen, dass eine Unmenge an Selbsthilfe-, Motivations- und Lebensberatungsbüchern mit verlockenden Titeln existiert.

„Wie werde ich glücklich in nur 30 Tagen", „Wie werde ich ein Magnet für Geld und Erfolg", „Glücklich sein für Anfänger" oder so ähnlich vielleicht.

Es gibt so viele von diesen Büchern und auch dementsprechend viele Personen, die sie zu lesen scheinen(Denn Du findest sie immer wieder an der Spitze der Verkaufslisten), dass die Welt eigentlich voll sein sollte mit glücklichen und erfolgreichen Menschen.

Unsere tägliche Erfahrung zeigt uns hingegen eine andere Wahrheit. Aus welchem Grund erzielen diese Bücher aber dann nicht die gewünschte Wirkung und rufen nicht die tiefgehende Veränderung hervor, die sie Dir versprechen?

Solange sie nur Deinen rationalen Verstand, Deinen Intellekt, also Deine linke Gehirnhälfte[5] auf kognitiver Ebene ansprechen, aber nicht in die Tiefen Deines Unterbewusstseins vordringen, können sie auch keinen Effekt erzeugen.

Wenn Du Dir Dein Bewusstsein wie einen Eisberg vorstellst, ist der rationale Verstand der kleine Teile über der Wasseroberfläche und Dein Unterbewusstsein stellt den massigen Rest dar. 95% unseres Alltags werden auf unterbewusster Ebene gesteuert.

Wenn Du zum Beispiel die Straße entlangläufst, brauchst Du nicht vorher über jeden einzelnen Schritt nachzudenken, sondern es ist längst ein unterbewusster Vorgang geworden. Genau wie das Laufen, muss jedes andere Verhalten zuerst im Unterbewusstsein angekommen sein, damit es wirklich ein Teil von uns wird. Das kann ein Buch nur in begrenzter Weise gewährleisten.

2.2 Wer hat hier eigentlich das Sagen?

Die westliche Denkweise ist durch den festen Glauben an die Vernunft, an Ratio und die absolute Überlegenheit des Verstands geprägt.

Dabei liegt der entscheidende Part bei dem unterbewussten Teil Deines Bewusstseins. Deine Annahmen und somit auch Dein Selbstbild sind in Deinem Unterbewusstsein verankert. Somit diktiert Dein Unterbewusstsein Deinen Lebensweg. Denn jede wirkliche Veränderung kann eben nur auf dieser unterbewussten Ebene stattfinden.

Der bewusste Verstand arbeitet nach dem universellen maskulinen- und das Unterbewusstsein nach dem universellen femininen Prinzip. Dein Verstand muss Dein Unterbewusstsein also befruchten, damit eine Idee auch in der Welt „geboren" werden kann.

Wie in einer Beziehung zwischen zwei Menschen, muss der männliche Part die Frau zunächst einmal stimulieren, um seinen Samen pflanzen zu können. In der Regel, läuft das auch nicht über abstrakte und Verstands-orientierte, philosophische Debatten, sondern auf einer tieferen Bewusstseins-Ebene.

Stell Dir vor Du hast tausende Bücher zum Thema Schwimmen gelesen. In Deinem Kopf, kennst Du jede Kraul-, Brust- und Delphintechnik Wenn Du es aber noch nie selber ausprobiert hast, wirst Du trotzdem Probleme haben, Dich überhaupt über Wasser zu halten. Stell Dir das Leben wie ein Schwimmbecken vor und um darin klarzukommen musst Du eben erst mal reinspringen.

Noch so rationale Argumentationsketten, vorgetragen nach strengster Logik bringen Dir vielleicht Punkte an der Uni ein, aber Dein Unterbewusstsein kannst Du dadurch nicht überzeugen.

Dein Unterbewusstsein kannst Du nur erreichen, wenn Du seine Sprache beherrschst. Und diese Sprache ist nicht Deutsch, Englisch oder Mandarin. Einzelne Wörter an sich haben für Dein Unterbewusstsein keinerlei Bedeutung.

Die Sprache, die Dein Unterbewusstsein versteht, ist die der Symbole, der Beständigkeit und die des Schocks bzw. des Traumas. Nur auf diese drei Formen der Kommunikation wird Dein Unterbewusstsein reagieren. Deshalb möchte ich hier kurz einzeln auf jede dieser Kommunikationsformen eingehen.

Wir unterschätzen sehr häufig die Macht, die einzelne Symbole in sich tragen können. Aber komm zum Beispiel mit einer Hakenkreuz-Flagge in einen vollen Raum rein und beobachte die Reaktionen darauf. Dann wird Dir schnell klar werden, welche Auswirkungen eine einfache Abbildung auf uns haben kann. Dabei geht es gar nicht um das Bild selber, sondern um den Zusammenhang, den es repräsentiert. (Über die Wirkung von Symbolen lässt sich noch viel spannendes schreiben. Das ist aber ein Thema für ein anderes Buch).

Das Entscheidende für Dich hier ist es, Dir über die Funktionsweise von Symbolen bewusst zu werden. Umgib Dich mit Bildern, die Deinem Unterbewusstsein ein Gefühl von Selbstermächtigung und Souveränität vermitteln anstatt einem Gefühl von Ohnmacht.

Jeder Sportler wird Dir bestätigen können, wie wichtig beständige Wiederholungen sind um Fortschritte zu machen, egal in welcher Disziplin. Ein Boxer zum Beispiel, auch wenn er 3-facher Weltmeister im Schwergewicht ist, wird im Training immer wieder die Grundschritte wiederholen, damit diese in seinem Unterbewusstsein abgespeichert sind.

So kann er sie im Kampf automatisch abrufen und hat den Kopf frei für andere Überlegungen.

Dieses Beispiel lässt sich auf jede Lebenssituation übertragen. Es kann schnell eintönig werden, bestimmte Vorgänge immer und immer zu wiederholen. Wenn Du es in irgendeinem Fach zur Meisterschaft bringen willst, kommst Du nicht darum herum, bestimmte Prozesse regelmäßig zu wiederholen.

Für das Unterbewusstsein besteht keine andere Wirklichkeit als das Hier und das Jetzt. Deswegen durchlebt zum Beispiel jemand, der in einem Krieg dramatische Erlebnisse mit angesehen hat, immer und immer wieder die gleichen traumatischen Momente, als würden sie gerade passieren. Für das Unterbewusstsein sind Vergangenheit und Zukunft abstrakte Konzepte und es macht keinen Unterschied aus der Tatsache, ob ein Erlebnis vor 50 Jahren oder vor 5 Minuten stattgefunden hat.

Wenn es sich ein Bild einmal abgespeichert hat, kann es durch den richtigen Auslöser jeder Zeit wieder in die Gegenwart projiziert werden.

Weil die Methode des Schocks so effizient funktioniert, wird sie zum Beispiel, für Initiations-Rituale bestimmter Geheimgesellschaften genutzt. Der Anwärter muss vielleicht durch ein Feuer laufen oder muss sich in einen engen Sarg einschließen lassen. Jedenfalls ist das Erlebnis für den Adepten so dramatisch, dass sich seine Persönlichkeit dadurch so drastisch verändert, dass er nun Teil der jeweiligen Gesellschaft werden kann.

Diese Schock-Therapie sollte, genau wie der Konsum von bewusstseins-erweiternden Drogen, sehr vorsichtig angewandt werden, da es hier zu schwerwiegenden psychischen Störungen der beteiligten Personen kommen kann.

Für uns ist an dieser Stelle nur relevant, dass Dein Unterbewusstsein ein bestimmtes Bild, das es einmal abgespeichert hat, jederzeit wieder in die Gegenwart projizieren kann, wenn der richtige Auslöser betätigt wird. Ob sich ein bestimmter Zustand schon in der Außenwelt realisiert hat oder nicht, ist letztendlich egal. Wenn Du Dich davon überzeugen kannst, dass dieser Zustand schon eingetreten ist, dann wird er sich zwangsläufig manifestieren.

Du bist bereit(s). Deswegen musst Du Deine Affirmationen auch immer im Präsenz aussprechen(„Ich bin reich und gesund!" zum Beispiel anstatt „Ich will reich und gesund werden!") und ein Gefühl der Dankbarkeit kultivieren, dass Dir verdeutlicht, dass Du bereits bist, was Du Dir wünschst zu sein.

Dein Unterbewusstsein wird das als direkte Anweisung verstehen, diese Vorstellungen so umzusetzen, wie Du sie ihm vorgibst.

2.3 Wie wirklich ist die Wirklichkeit wirklich?

Anstatt den Begriff „Unterbewusstsein" zu nutzen, können wir im Zusammenhang dieses Buches auch vom „Herz" sprechen. Mit Herz meine ich hier nicht das physische Organ, sondern das fein-stoffliche Herz, das Herz-Chakra, das in der vedischen[6] Tradition als Anahata bezeichnet wird. Wir brauchen aber nicht nach Indien zu schauen, um zu verstehen, was sich dahinter verbirgt.

Im deutschen Sprachgebrauch gibt es genug Ausdrücke, die die wirkliche Funktionsweise des Herzens verdeutlichen. Wenn wir im Deutschen „Herzensangelegenheit", „Herzenssache" oder „Herzenswunsch" sagen, meinen wir damit etwas, das wir aus unserem tiefsten Innern begehren, etwas, das tatsächlich und wahr ist. Dass wir die Bedeutung dieser Begriffe selbstverständlich verstehen, zeigt, dass es sich bei dem fein-stofflichen Mechanismus des Herzens um ein ganz natürliches und ursprüngliches Phänomen handelt. Wie bereits erwähnt, dominiert in der westlichen, kopflastigen Weltsicht allerdings der Glaube an Rationalität und Verstand. Daher wird dem Herzen eine untergeordnete Rolle im Vergleich zum Gehirn zugeteilt.

Das Herz wird mit Romantik, Schwammigkeit und Hollywood-Schnulzen in Verbindung gebracht. Dabei ist wahres Wissen ein Prozess, der im Herz und nicht im Gehirn stattfindet. Den Weg von Dir zum nächsten Supermarkt kennst Du „von Herzen aus". Jemand kann noch so rational argumentieren und Dir empirische Forschungen ,nach wissenschaftlich belegter Methode vorlegen, um Dich vom Gegenteil zu überzeugen; Du kennst trotzdem den schnellsten Weg zu Edeka.

In Studien am „HeartMath Institute" in Californien wurde erwiesen, dass das Herz von Probanden bereits auf bestimmte Bilder reagiert und Frequenz-Ausschläge zeigt, bevor das physische Auge das jeweilige Bild betrachten kann; also bevor das Gehirn überhaupt die Chance bekommt den entsprechenden Eindruck zu verarbeiten.

Im alten Ägypten, dessen gesamte Kultur darauf ausgelegt war, das universelle Bewusstsein zu erforschen, wurde dem Herzen nicht umsonst eine derart zentrale Rolle zugeteilt. Bei einer Mummifizierung wurde dem Leichnam zum Beispiel das Gehirn entfernt aber das Herz im Körper belassen.

Im Englischen sagt man nicht ohne Grund „I knowsomethingbyheart", um auszudrücken, dass man sich bei einer Sache hundertprozentig sicher ist. „Hör auf Dein Herz" ist mehr als eine leere Phrase. Wir haben uns nur so weit von unserem natürrlichen Zustand entfernt, dass wir gar nicht mehr wissen, was damit gemeint ist. Würdest Du aber die Sprache Deines Herzens verstehen, hättest Du keine Zweifel mehr daran, was der „richtige" Weg für Dich ist.

Wir haben verlernt, auf „die Stimme" unseres Herzens, mit anderen Worten, auf unsere Intuition, zu vertrauen, und geraten stattdessen immer wieder auf Abwege, die uns stattdessen von Glück und innerem Frieden wegführen.

So oder so wirkt das Herz wie ein Magnet, der die Situationen und Personen anzieht, und so die äußeren Umstände kreiert, die mit Deinem Selbstbild in Resonanz stehen. Wenn Du also aus ganzem Herzen davon überzeugt bist, zum Beispiel ein großer Rock-Star zu sein und das dazugehörige Gefühl konstant aufrecht erhalten kannst, wirst Du unwillkürlich das Leben führen, das Du für einen Rock-Star für angemessen hältst. Mit Groupies, zerstörten Hotelzimmern und allem, was für Dich sonst noch so dazu gehört.

Du kannst Dir genauso gut vorstellen ein Einhorn zu sein, ein rosa Elefant oder ein Gott aus der griechischen Mythologie. Du alleine setzt die Grenzen Deiner Vorstellungskraft. Dein Unterbewusstsein wird Dir genau das wiedergeben, mit dem Du es fütterst. Nochmal, Dein Unterbewusstsein kann nicht auseinanderhalten, ob Du Dir „nur" vorstellst etwas zu sein oder ob Du schon wirklich dort bist.

Unter Hypnose können Menschen dazu gebracht werden, sich wie ein Hund, wie ein Vogel oder sonst ein Tier zu verhalten. Du willst Dich nicht von irgendeinem Hypnotiseur kontrollieren lassen, kannst aber ähnliche Methoden anwenden, um Deine Persönlichkeit nach Deinen eigenen Wunschvorstellungen zu formen.

2.4 Es geht um das Gefühl...

Der entscheidende Faktor, um dabei zu Erfolgen zu kommen, ist, wie schon mehrmals betont, Dein Gefühls-Zustand. Dein Unterbewusstsein versteht zwar nicht die Bedeutung einzelner Wörter und Sätze, aber umso mehr die Gefühle, die mit ihnen assoziiert sind. Daher bringt es auch wenig ständig Affirmationen wie „Ich bin reich..", „Ich bin schön..." oder „Ich bin reich und schön..." zu wiederholen, wenn diese nicht mit dem entsprechenden Gefühl in Verbindung gebracht werden.

Ausschlaggebend ist Deinem Unterbewusstsein zu vermitteln, dass Du bereits wie die Person fühlst, die Du Dir wünschst zu sein.

Im Laufe des Tages gehst Du natürlich durch viele verschiedene Gefühlsregungen. Den Gefühls-Zustand, der sich dabei als der dominanteste herauskristallisiert, nimmt Dein Unterbewusstsein als Deinen vorherrschenden Wunsch wahr und wird sich fleißig an die Arbeit machen, diesen Wunsch in die Tat umzusetzen.

Achte daher sehr genau auf Deine Gedanken und auf das, was Du Dir für andere und für Dich selber wünschst. Denn diese Gedanken verursachen die Gefühle, die, wie wir gesehen haben, wiederum Dein Leben steuern.

Jedes Gefühl und der damit korrespondierende Bewusstseins-Zustand bewegt sich innerhalb eines bestimmten Frequenz-Spektrums. Im Radio wird jedem Sender eine eigene Frequenz zugeteilt. So wie Du hier nur das Programm empfängst, das sich genau auf der Frequenz befindet, die Du eingestellt hast, kannst auch Du, in Deinem Leben, nur das wahrnehmen, was mit der Frequenz Deines jeweiligen Bewusstseinszustands einhergeht.

Die Quanten-Physik hat schon im letzten Jahrhundert festgestellt, dass allem, was wir wahrnehmen können, gebündelte Energie zu Grunde liegt. Diese Energie wirkt grober oder feiner, je nachdem ob sie auf einer niedrigen oder einer hohen Frequenz vibriert.

Das Gleiche gilt für Emotionen und Gefühle. Am unteren Pol der Gefühls-Skala findest Du Angst und am oberen Pol Liebe. Du fühlst Dich im wahrsten Sinne des Wortes „schwer" und unbeweglich, wenn Du Angst empfindest, da Du Dich auf einer schwachen Schwingungs-Frequenz bewegst, die mit einem groben Bewusstseinszustand einhergeht. Auf der anderen Seite, weißt Du auch bestimmt wie „leicht" Du Dich fühlst, wenn Du voller Liebe bist. Denn Liebe ist die stärkste und reinste Form von Energie, die auf höchsten Niveau vibriert und alles mühelos fließen lässt.

Bist Du also auf eine niedrige Frequenz gepolt, dann bekommst Du dementsprechend auch nur die „Programme" zu sehen, die Angst, Leid und Elend ausstrahlen. Befindest Du Dich aber umgekehrt auf einem hohen Frequenz-Niveau , wirst Du überall Liebe, Freude und Glückseligkeit erkennen können.

3. Das Hologramm

3.1 Mindover Matter

Die heute vorherrschende Vorstellung, dass sich unser Bewusstsein aus fester Materie heraus entwickelt hätte, ist von Grund auf fehlerhaft. Denn in Wirklichkeit verhält sich dieser Zusammenhang genau umgekehrt.

Das materielle Universum, wie wir es kennen, ist eine Projektion der ursprünglichen geistigen Welt, die sich jenseits von dem befindet, das sich mit Deinen fünf groben Sinnen wahrnehmen lässt. Nichts von dem, was Du von klein auf als „echt" empfunden hast, ist das, was es zu sein scheint.

Gerade jetzt befindest Du Dich in einem Hologramm, das Dir komplexe Sachverhalte wie emotionale Verstrickungen und gedankliche Strukturen in sinnlich wahrnehmbarer Form widerspiegelt.

Es kann sein, dass Du diese Aussage aus gewohnheitsmäßigen, durch die linke Hirnhälfte dominiertenDenkmustern instinktiv ablehnst und als unwissenschaftlich abstempelst.

Das liegt aber nicht daran, dass sie nicht den Tatsachen entspricht, sondern daran, dass die heutige Wissenschaft noch nicht mit den passenden Instrumenten arbeitet, um die entsprechenden Phänomene sichtbar zu machen. (Obwohl sich die Physik der letzten 100 Jahre mit Quantenmechanik, String-Theorie immer mehr dem Spirituellen anzunähern scheint.)

Die Wirkung der geistigen Prinzipien kannst Du erst verstehen, sobald Du anfängst, sie selber durch praktische innere Arbeit anzuwenden. Wenn Du auf diesem Gebiet eine bestimmte Gewissheit erlangt hast und sie in Deinem Herzen gespeichert ist, wirst Du immer weniger den Drang verspüren, mit irgendjemandem darüber diskutieren zu müssen, ob die spirituelle Welt wirklich ist oder doch nur eingebildet.

3.1.2 The All is Mental und warum Du nicht Dein Körper bist...

Die Jahrhunderte alte Frage, ob der Geist aus der Materie entstanden ist oder umgekehrt, lässt sich nun leicht beantworten. Das was wir Materie nennen, existiert nur in unserer Vorstellung und daher ist alles in seiner Essenz geistig.

Alles was existiert besteht aus einer einzigen Substanz. Und diese Substanz ist nichts anderes als pures Bewusstsein. Das heißt auch unsere 3-dimensionale holographische Matrix[7], die materielle Welt, setzt sich in ihrem Kern aus genau diesem Bewusstsein zusammen. Wir werden von Kindesbeinen an darauf trainiert, uns mit unserem physischen Körper und unseren Gedanken, sprich mit dem falschen Ego, zu identifizieren.

Aber Dein Körper ist nur Dein Raumanzug, ein Vehikel, mit dem es Dir möglich gemacht wird, Dich auf dieser Erde zu bewegen. Dein wahres Selbst ist ewiges und ständiges Bewusstsein.

Alles Leid, das Du während Deines Lebens erfährst, ist auf die Verwirrung zurückzuführen, die durch die fehlerhafte Identifikation mit Deinem Avatar entsteht.

Nehmen wir an, Du spielst GTA[8] auf Deiner Playstation und wirst so in die Handlung des Spiels hineingezogen, dass Du anfängst, alles was in San Andreas passiert als echt zu empfinden.

Ständig beschimpft, angeschossen und ausgeraubt zu werden, würde sich bestimmt schrecklich anfühlen. Aber nichts anderes machen wir jeden Tag, wenn wir uns voll und ganz von unserem materiellen Dasein absorbieren lassen.

3.2 Von Innen nach Außen

Wenn Du Dir darüber BEWUSST wirst, dass die materielle Existenz eine Illusion darstellt, wird Dir klar, dass sich Deine Lebensumstände in dem Umfang ändern, in dem sich Deine innere Haltung ändert.

Wir gehen in der Regel davon aus, dass unsere Realität fest und unflexibel ist, dabei ist sie viel elastischer und weiter dehnbar als wir gerne annehmen. Du projizierst in jedem Moment Deinen inneren Bewusstseins-Zustand auf die Bildfläche unseres holographischen Universums und erschaffst somit Deine Realität immer wieder aufs Neue. Durch gezielte innere Arbeit erschaffst Du Dir also auch gleichzeitig Deine äußere Wirklichkeit nach Deinen eigenen Vorstellungen.

Die Annahme, dass sich nur durch harte körperliche Arbeit etwas verändern lässt, ist weit verbreitet (Vor allem in Deutschland). Sie ist eben aber auch nur das; eine Annahme, die auch noch zu unnötiger Verschwendung Deiner wertvollen Zeit und Energie führt. Es macht ja auch keinen Sinn, wenn Du Dich traurig fühlst, in den Spiegel zu schauen und zu versuchen, die Mundwinkel an Deinem Spiegelbild hochzuziehen um einen Lächeln hervorzurufen.

Um wahre Veränderungen in Deinem Leben zu bewirken, musst Du folgerichtig radikal an der Wurzel ansetzen. Wie wir schon festgestellt haben, liegen an dieser Wurzel deine Annahmen und Glaubenssätze.

Du kannst auch zwanghaft versuchen positiv zu denken, wie es von so manchen propagiert wird. Das wird aber nur oberflächlich wirken und dazu führen, dass Du Dich noch unglücklicher fühlst als vorher, weil Du Dich ständig daran erinnern musst, dass Du nicht da bist, wo Du eigentlich gerne sein willst. Dadurch kreierst Du ein Gefühl des Mangels und aus diesem negativen Gefühl ziehst Du wiederum negative Umstände an, die sich den gleichen niedrigen Frequenz-Bereich mit Deinem eigenen Zustand teilen.

Transformierst Du aber die Annahmen, die der negativen Kette von Gedankengängen zu Grunde liegen, musst Du Dich nicht krampfhaft dazu überwinden positiv zu denken, sondern bleibst ganz natürlich in dieser Stimmungslage.

3.2.1 Free YourMind-Set andtherest will follow...

Alle Deine Glaubenssätze bilden zusammengenommen Dein Mind-Set[9]. Also geht es für uns alle darum, ein flexibles Mind-Set zu erwerben, dass dazu geeignet ist, die sich unaufhaltsam verändernden Herausforderungen des Lebens zu bewältigen.

Du kannst unmöglich innere Zufriedenheit erlangen, wenn Du dich nicht auf dem Weg der Selbstverwirklichung befindest. Denn das ist der Grund, warum Du überhaupt auf diese Erde geboren wurdest. Und dafür benötigst Du ein Mind-Set, das Dir dabei hilft, Dein wahres Selbst in Deiner jetzigen Verkörperung vollkommen zu verwirklichen.

4. Stell Dir mal vor...

4.1 Dein Vertrauen in Gott ist Dein Vertrauen in Dich Selbst

Die bereits erwähnten Glaubenssätze, aus denen sich Dein Mind-Set zusammensetzt, beinhalten Deine Ansichten über Dich Selbst, über die Welt im Allgemeinen und über Gott oder anders gesagt den Ursprung aller Dinge.

Denn jeder macht sich in irgendeiner Weise Vorstellungen über diesen Ursprung, auch wenn derjenige sich als Atheist bezeichnen mag.

Aus der hermetischen Lehre kennen wir das Prinzip der Analogie, „wie oben so unten". Was sagt uns das in diesem Zusammenhang? Es sagt uns, dass das Bild, dass Du Dir von Deinem Gott, Deinem Schöpfer oder wie auch immer Du möchtest, machst, große Auswirkungen darauf hat, wie du Dich selbst siehst.

Wenn Du Dir einen Gott vorstellst, der eifersüchtig, jähzornig und parteiisch ist, dann wirst auch Du Dich immer und überall ungerecht behandelt fühlen und selber eifersüchtig auf andere sein, die,Deiner Meinung nach, fälschlicherweise mehr als Du erhalten haben.

Wenn Dein Gott schwach ist, wirst Du wenig Vertrauen in ihn legen und genauso wenig auf Deine eigenen inneren Kräfte vertrauen, um irgendeine Veränderung in der Welt herbeizuführen.

Diese Welt ist von Grund auf schlecht und Du kannst nur versuchen, durch Betrug so viel wie möglich für Dich und Deine eigenen Leute herauszuholen. Das ist genau die Einstellung, die mit solchen Annahmen Hand in Hand geht. Gehst Du aber von einem liebevollen, gütigen und erhabenen Gott aus, dann werden sich diese Qualitäten auch in Dir reflektieren. So kannst Du jeder Situation etwas Positives abgewinnen, egal wie auswegslos sie zunächst einmal erscheint.

Wenn Dein Gott allmächtig und liebevoll ist, heißt das, dass Du ursprünglich aus Liebe in diese bestimmte Lage versetzt wurdest und dass es auch irgendwo einen Grund dafür gibt. Das heißt auch, dass Du als das Abbild dieses allmächtigen Schöpfers ebenfalls über die Stärke verfügst, Dich aus dieser Lage zu befreien.

Zugegeben ist es nicht immer leicht eine solche Haltung aufrecht zu erhalten, wenn wir uns anschauen, wie wir uns als Menschen gegenseitig behandeln und wie wir täglich mit Tieren, Pflanzen und unserer Mutter Erde umgehen.

Aber ist nicht genau das unsere größte Herausforderung; auch unter den widrigsten Umständen vom Guten überzeugt zu sein und seine eigene Liebe zu kultivieren. Der Test an die wahre Liebe ist, ob Sie zu jeder Zeit und an jedem Ort Bestand hat.

Es geht hier nicht darum einen alten Mann mit grauem Bart anzubeten, der irgendwo auf einer Wolke sitzt und Dich für Deine „guten" Taten belohnt und für Deine „schlechten" bestraft. Dadurch gibst Du nur Deine innere Kraft ab, um auf irgendeine Art der Erlösung zu hoffen, die irgendwo außerhalb von Dir selbst auf Dich wartet. Das Ziel dieses Buches ist aber, absolute Selbstermächtigung zu promoten, und daher soll hier auf keinen Fall der Eindruck entstehen, dass Du blind einem religiösen Dogma folgen sollst. Ganz im Gegenteil.

Es geht darum, Dir darüber bewusst zu werden, welches Bild Du persönlich von der höheren Macht hast. Wenn wir uns alleine unsere Galaxie, die Milchstraße, mit ihren Millionen von Sternen anschauen, die wiederum nur eine von unzähligen weiteren Galaxien ist, muss uns klar sein, dass eine höhere Macht existiert, die unser derzeitiges menschliches Verständnis bei Weitem übersteigt.

Allein auf diesem Planeten werden zig-tausende von Wegen propagiert, um diese höhere Macht zu lobpreisen. Andere lehnen diese Vorstellung grundsätzlich ab und sehen das Universum als eine große un-persönliche Maschine an. So oder so, macht sich jeder, wie bereits oben erwähnt, seine Vorstellung von dem großen und Ganzen, ob man das jetzt will oder nicht.

Jeder glaubt gezwungenermaßen an irgendetwas. Wie und woran Du glaubst ist der entscheidende Faktor, wie sich Dein Leben entwickelt. Dein Glaube an Gott, ist der Glaube an Dich Selbst. Deswegen ist es für uns alle essenziell sich damit auseinanderzusetzen, was Gott für Dich ist, unabhängig davon, welcher Religion Du Dich zugehörig fühlst.

Egal ob Du Dich als Buddhist, Muslim oder Atheist bezeichnest, finde einen Weg Deinen Glauben so zu kultivieren, dass er Dir innere Stärke verleiht und Dich ein selbstverantwortliches Leben führen lässt.

4.2 Dein größtes Vermögen

Aus dem vorangegangenen Absatz lässt sich also schließen, dass der Knackpunkt darin liegt, Dein liebevolles Mind-Set beständig zu pflegen, um es in der Welt verwirklichen zu können.

Wir haben bereits festgestellt, dass Deinem Unterbewusstsein suggeriert werden muss, dass der gewünschte Zustand bereits in Kraft getreten ist. Wie aber kommst Du an diesen Punkt, wenn alles um Dich herum Dir genau das Gegenteil von dem vermittelt, was Du gerne sein möchtest?

Sagen wir, Du wünschst Dir reich und erfolgreich zu sein, siehst Dich aber in Deiner Familie, Deiner Straße, Deinem gesamtem Umfeld, nur von Armut umgeben.

An dieser Stelle kommt Dein größter Vermögenswert ins Spiel. Nein, es geht hier nicht um irgendwelche Immobilien-Pakete oder Aktien-Fonds, sondern um Dein inneres und eigenes, ursprüngliches Vermögen; Dein Vorstellungs-Vermögen.

In der deutschen Sprache werden die beiden Wörter Vorstellung und Vermögen nicht umsonst zu einem Begriff kombiniert. Egal wie viele Millionen Euros Dir jemand für Deine Vorstellungskraft versprechen sollte, Du kannst dieses Angebot getrost jederzeit, ohne zu zögern, ablehnen. Denn unsere Vorstellungskraft ist in der Tat das größte Vermögen, über das wir verfügen und das fundamentale Alleinstellungsmerkmal, das uns von allen anderen Tieren auf diesem Planeten unterscheidet und uns letzten Endes zum Menschen macht.

Unsere Vorfahren waren diejenigen, die sich erst vorstellen konnten, dauerhaft auf zwei Beinen zu laufen, Werkzeuge zu entwickeln, Kunst zu erschaffen usw. Nur das, was sich vorstellen lässt, kannst Du auch manifestieren.

Wenn wir unsere Kinder beobachten, sehen wir, wie sie ihren Vorstellungen einfach freien Lauf lassen. In einem Moment sind sie vielleicht Astronauten und im nächsten Löwen oder Tiger.

Doch mit der Zeit wird Dir beigebracht, Deiner eigenen Vorstellung Grenzen zu setzen. „Das ist doch gar nicht möglich", „Das schaffst Du doch nie, „Hör doch auf mit der Träumerei" etc.

Je mehr Du anfängst, an diese Einschränkungen zu glauben und diese Limitationen für Dich anzunehmen, desto mehr verkleinert sich das Fenster dessen, was Du für möglich hältst, bis zu dem Punkt, an dem Du Dich vollkommen festgefahren und in einem Käfig von fremden Vorschriften gefangen fühlst. Anstatt in Freiheit zu leben, wie es unserer Natur entspricht, laufen so viele von uns ohnmächtig auf Autopilot und fremdgesteuert wie Roboter durch die Welt.

Sollte Dir das bekannt vorkommen, dann hat die vorherrschende Matrix auch Deine Vorstellungen eingenommen und geschluckt. Du hast Dir die Annahmen anderer aufzwängen lassen, sodass Dein Vorstellungsvermögen seinen Wert verliert und Du dafür als Austausch ein Leben voller Ängste und Zweifel erhalten hast. Ist es in Anbetracht dessen nicht dringend an der Zeit sich von diesen Zwängen zu lösen?

Aber wie kannst Du Dich von diesen Fesseln befreien, die Dir über so viele Jahre lang auferlegt wurden und von denen Du schon meinst, dass sie ein Teil von Dir sind?

4.2.1 Kannst Du es Dir vorstellen, dann bist Du es schon

Die Antwort ist, Deine Vorstellungskraft wieder aufleben zu lassen und in ein höheres Bild von Dir Selbst aufzusteigen. Wie bereits beschrieben, ist unsere Realität ein verhandelbares und wandelbares Konzept, das sich durch unsere Vorstellungskraft weit ausdehnen lässt. Also stell Dir vor, Du bist bereits das, was Du Dir wünschst zu sein.

Wenn Du 150 Kilo wiegst und erfolgreich die Hälfte davon abnehmen möchtest, dann musst Du in Deiner Vorstellung bereits die Version von Dir sein, die nur noch die Hälfte wiegt. Wie verhältst Du Dich als diese Person? Würdest Du Dir kurz vor dem Schlafen gehen noch eine fettige Pizza reinpfeifen oder zum Frühstück eine Tüte Kartoffel-Chips essen?

Oder verzichtet diese Person auf die kurzfristige Befriedigung aus Liebe zu sich selbst und ihrem Körper? Achtet diese Person nicht zunächst auf sich und ihre Gesundheit, weil sie ihren eigenen Wert erkannt hat?

Wenn Du konsequent mit dieser Einstellung an Dein Vorhaben herangehst, wird es mit Garantie von Erfolg gekrönt sein. Mit dem klaren Ziel vor Augen kannst Du immer wieder in das Gefühl eintauchen Dich im Spiegel mit Deinem Wunsch-Gewicht zu sehen.

Das Entscheidende an diesem Bild ist nicht, Deinen Traumkörper zu haben, sondern die starke, selbstbestimmte und positive Persönlichkeit, die Du auf dem Weg entwickelst. Dein veränderter Körper ist nur der äußere Beweis für den inneren Prozess, den Du vollzogen hast.

Die dazugehörige Persönlichkeit ist bereits ein Teil von Dir und wartet nur darauf, dass Du ihr Deine ungeteilte Aufmerksamkeit schenkst.

Diese Herangehensweise funktioniert nicht nur um Gewicht zu verlieren, sondern lässt sich auf jedes beliebige Vorhaben anwenden, dass Du Dir in den Kopf gesetzt hast. Tatsächlich ist es die einzige Methode mit der sich wirkliche und nachhaltige Veränderungen in Deinem Leben erzielen lassen.

Jeder Mensch der jemals ein Vorhaben, egal welches, erfolgreich umgesetzt hat, muss diese Herangehensweise auf irgendeine Art angewendet haben.

Ob derjenige das bewusst oder unbewusst getan hat, spielt dabei erst einmal keine Rolle. Umso bewusster diese geistigen Techniken und Prinzipien jedoch angewandt werden, umso zielgerichteter werden natürlich auch die Resultate ausfallen.

4.3 Rhythmus und die Formel zum Erfolg

Du kannst Dir immer wieder verdeutlichen, dass Du bereit(s) bist und Dich jederzeit in den Bewusstseins-Zustand der Version von Dir Selbst versetzen, die Du beabsichtigst zu sein. Auf welcher Frequenz befindet sie sich? Mit welchem Rhythmus geht sie durch die Welt?

Jedes Lebewesen hat seinen eigenen unverwechselbaren Rhythmus. Wäre das nicht der Fall, könnte man Dich unmöglich als einzelnes Individuum erkennen.

Mit Rhythmus meine ich ein spezielles Bewegungsmuster, das jeden von uns als besondere Persönlichkeit ausmacht. Ein Lied braucht einen Rhythmus, also eine bestimmte Anordnung von Noten, damit wir es überhaupt als ein bestimmtes Lied erkennen können.

Wenn es diesen Rhythmus nicht hätte, würdest Du es nicht als Lied ansehen, sondern als eine wahllose Aneinanderreihung von Tönen, also als Krach.

Auch unser Universum hat einen Rhythmus. Deshalb nennen wir es auch Universum. Universum = der eine Vers oder der eine Song.

Ist Dein persönlicher Rhythmus nicht im Einklang mit der übergeordneten Symphonie, wirst Du Dich ziemlich schief anhören. Du bist aber nicht dazu gezwungen, den gleichen traurigen Song immer und immer wieder zu wiederholen. Du kannst das Tempo beschleunigen oder verlangsamen oder Akkorde einfügen, die ein komplett verändertes Klangbild erzeugen. Du könntest auch eine ganz neue Komposition schaffen. Die Möglichkeiten sind unendlich.

Die Frage ist, welchen Rhythmus Dein Wunsch-Ich hat? Wenn Du Dich in diesen Rhythmus hineinfühlst, Dich anfängst dazu zu bewegen, und ihn beständig beibehältst, wirst Du genau die dazu passenden Ergebnisse widergespiegelt bekommen.

Es gibt einen gravierenden Unterschied zwischen zielgerichteter Visualisierung und einfacher Tag-Träumerei. Jeder verfällt im Laufe des Tages des Öfteren in irgendwelche Traum-Vorstellungen.

Vielleicht hast Du das Bild im Kopf, eine berühmte Sängerin, ein großer Fußballspieler oder Schauspieler zu sein. Aus eigener Erfahrung kann ich bezeugen, dass das alleine nicht ausreicht, um diese Vorstellungen auch zu verwirklichen (Ich habe sehr oft davon geträumt, Stürmer beim FC Barcelona zu sein und das entscheidende Tor in der Champions-League zu schießen; hab aber immer noch zwei linke Füße auf dem Platz).

Der entscheidende Faktor ist nämlich, diese Vorstellung nicht nur zu kreieren, sondern sie auch gegen alle inneren und äußeren Widerstände aufrecht zu erhalten. Das heißt, Du behältst Deinen eigenen Rhythmus bei und lässt Dich nicht vom Rest des Orchesters dazu zwingen, Noten zu spielen, die Dir nicht gefallen.

Nach der Formel: Vorstellung + Beständigkeit = Verwirklichung, werden sich entsprechende Erfolge unausweichlich einstellen.

5. Aufmerksamkeit und Meditation

„Energy flows, where attention goes". Dadurch, dass Du einer bestimmten Vorstellung über längere Zeit Deine Aufmerksamkeit schenkst, erzeugst Du eine kraftvolle Energie. Diese Energie erzeugt ein Magnetfeld um Dich, das Ereignisse, Situationen und Personen anzieht, die Deiner Vorstellung zu Gute kommen.

Wie der Ausdruck „Aufmerksamkeit Schenken" schon andeutet, ist die Aufmerksamkeit, die Du jemand oder etwas zukommen lässt, in der Tat ein sehr wertvolles *Geschenk*.

Deshalb versucht man auch von allen Seiten, Deine Aufmerksamkeit für sich zu gewinnen. Das Fernsehen, das Radio, die Werbeindustrie, die Bundesliga aber auch Dein Partner oder Dein Chef bei der Arbeit; sie alle kämpfen um Deine volle Aufmerksamkeit. Denn sie alle ernähren sich von der Energie, die Du durch Deine Aufmerksamkeit erzeugst.

Du hältst Dich vielleicht für klein und unbedeutend, aber jeder von uns trägt ein großes Energie-Potential in sich, das auch einen Einzelnen sehr mächtig machen kann.

Was Du Dich also fragen musst, ist, ob Du Deine Energie für die Zwecke anderer hergeben möchtest oder ob Du sie lieber dazu nutzt, Dich Selber zu verwirklichen. Du bist in der heutigen Zeit mehr denn je täglich Millionen von möglichen Ablenkungen ausgesetzt. Du brauchst nur kurz auf die Straße zu gehen und hörst aus jeder Ecke Gesprächsfetzen und Verkehrslärm oder siehst Werbeplakate, die Dich zum Kauf von Gott weiß welchen neuen Produkten animieren sollen.

Dazu kommen Smartphones, Laptops und alle möglichen technischen Geräte, die ständig klingeln, leuchten oder vibrieren und Deine Aufmerksamkeit auf sich ziehen wollen. Ohne die richtige Übung ist es unmöglich, inmitten dieses Chaos Deine Konzentration beizubehalten. Deswegen kannst Du in keinem Fall darauf verzichten, irgendeine Form meditativer Praxis in Deinen Alltag zu integrieren, wenn Du ernsthaft beabsichtigst, auf Deinem Weg voranzukommen.

Denn Meditation bedeutet eben genau diesen Ort der Stille in Deiner Mitte zu finden, an dem äußere Ablenkungen an Dir vorbeiziehen wie Wolken am Himmel und wo der Fokus auf den inneren Vorgängen liegt, die sonst durch die alltägliche Hektik überschattet werden.

Es gibt eine unüberschaubare Vielzahl an traditionellen Meditations-Praktiken, an geführten Meditationen oder Meditations-Apps für das Handy und Du musst kein buddhistischer Mönch werden, der den ganzen Tag in einer Höhle im Himalaya vor sich hinmeditiert.

Das Wichtige ist eine Methode zu finden, die Dir persönlich zusagt und die Du diszipliniert und regelmäßig praktizierst.

Das Wesentliche dabei sind aber nicht die die zunächst augenscheinlich erkennbaren Resultate wie zum Beispiel erhöhte Konzentrationsfähigkeit.

Viel mehr verstärkst Du durch Deine Meditations-Routine Deine Verbindung zu der spirituellen Ebene Deines Seins und befreist Dich somit immer mehr von den Beschränkungen der physischen Welt. Ich bin mir sicher, dass jeder der auf diesem Gebiet Erfahrungen gemacht hat, bestätigen wird, dass die daraus resultierende innere Ruhe mit keinem noch so hohen Betrag bezahlbar ist.

Meditation ist eine Praxis, die jeder allein für sich ausführen kann, ohne dafür auch nur einen einzigen Cent in die Hand nehmen zu müssen. Dafür ist der Gegenwert, der daraus für Dich und Dein gesamtes Umfeld entsteht, enorm.

Ich betone das an dieser Stelle nur noch mal so vehement, weil es mir ein Rätsel ist, warum irgendjemand diese kostenfreie Möglichkeit nicht in Anspruch nehmen sollte, um sein Leben zu erfüllen und zu bereichern.

Es geht nicht darum, andere damit zu beeindrucken, dass Du jetzt „spirituell" geworden bist oder darum, besonders tiefgründig zu erscheinen. Du musst kein Yogi oder Lama sein, um zu lernen wie Du „richtig" meditierst.

Durch fortschreitende Übung und Erfahrung, wirst Du einen individuellen Weg finden, Dich in höhere Zustände zu begeben.

Die Technologie des Meditierens kann jeder von uns für sich nutzen, um sich selber zu verwirklichen,unabhängig von Herkunft, Geschlecht, Hautfarbe oder was auch immer.

6. Quanten- und Ursprünge

6.1 Von den Anfängen...

Nach den Erkenntnissen heutiger Physiker leben wir in einem multidimensionalen Omniversum[10]. Die Welt, wie wir sie zu kennen meinen, ist also eine von unzähligen Welten, die alle genau zum jetzigen Moment parallel zueinander existieren. So wie Milliarden von Seifenblasen, die ständig platzen und wieder aufs Neue entstehen.

Das passt wiederum sehr genau zu den Darstellungen der vedischen Schriften des alten Indiens, eine der ursprünglichsten Quellen religiöser Wissenschaft, die die Menschheit kennt.

Hier erschafft der große Vishnu[11] mit nur einem Atemzug ebenfalls eine unfassbare Anzahl an verschiedenen Universen, die wie Luftblasen über dem Ozean der Ursachen schweben.

Auch der Kosmologie des alten Ägyptens (der damaligen Hochburg spirituellen Wissens), in der sich Ptha[12] aus den vorzeitlichen Wassern von Nun[13] erhebt, um unser Universum zu erschaffen, kommt die moderne Wissenschaft mittlerweile sehr Nahe.

Dieser Bezug soll nur zum Verständnis dienen, dass es sich bei String-Theorie, Quanten-Feldern usw. nicht um neue Ideen handelt und um die zeit- und kulturübergreifenden Zusammenhänge zu erläutern.

Diese Prozesse von Entstehung und Verfall der einzelnen Universen finden also konstant parallel zueinander statt. Das bedeutet, dass der Zeitraum vom „Big-Bang" bis zum irgendwann eintretenden Ende der materiellen Welt (der uns wie eine Ewigkeit vorkommt) von einer höheren Ebene aus nur einen kurzen Moment darstellt. Auf dieser Ebene besitzen unsere zeitlichen Einteilungen von Vergangenheit, Gegenwart und Zukunft keine Relevanz.

Das alles klingt aus unserer beschränkten menschlichen Perspektive erst einmal unbegreiflich und weit entfernt. Folgst Du aber dieser Vorstellung weiter, kannst Du daraus für Dich unschätzbar wertvolle Einsichten gewinnen.

Wenn alle diese Zustände genau zum jetzigen Moment parallel zueinander bestehen, heißt das, dass auch ein Teil von Dir gerade in allen diesen Dimensionen existieren muss. So wie die Anzahl an möglichen Universen unendlich ist, so gibt es auch unendlich viele Versionen von Deinem Selbst in allen möglichen Formen.

Der amerikanische Autor und spirituelle Coach Burt Goldman beschreibt in seinem Buch „Quantum Jumping" sehr detaillierte Meditations-Techniken, wie Du mit diesen alternativen Versionen von Dir Selbst in Verbindung treten kannst. Wenn Du zum Beispiel malen möchtest, dann gibt es Dich in irgendeiner parallelen Dimension als begabten Künstler.

Diese Energie kannst Du durch bestimmte Methoden auch in Deiner hiesigen Existenz anzapfen und selber dazu nutzen, großartige Bilder zu malen oder jedes beliebige andere Ziel zu verwirklichen.

Das klingt vielleicht erst mal weit hergeholt, aber es gibt eine wachsende Anzahl an Menschen, die auf diese Vorgehensweise schwören und damit beeindruckende Resultate erzielen. Im nächsten Abschnitt möchte ich daher noch näher auf die Mechanismen hinter dem „Quantum Jumping"eingehen.

6.2 Ich seh´ was, das Du nicht siehst...

Im vorherigen Abschnitt haben wir gesehen, dass Du Dich durch Meditation auf eine höhere Bewusstseins-Ebene erheben kannst. Jetzt siehst Du auch, dass Du Dich auf diesen Ebenen mit Versionen von Dir Selbst verbinden kannst, die bereits über die Qualitäten verfügen, die Du Dir für Dich genau so hier in Deinem physischen Körper wünschst.

Mit der Energie, die Du durch Deine Aufmerksamkeit generierst, ziehst Du Realität dieser anderen Dimensionen wie ein Magnet auf diese Erde herunter und kannst sie hier in gleicher Weise manifestieren.

Die Schöpfung ist bereits abgeschlossen und vollkommen. Alles was Du Dir vorstellen kannst, existiert bereits irgendwo und irgendwie. Die Frage ist, auf welchen Teil der Schöpfung Du Deine Konzentration richtest. Eine verstreute Aufmerksamkeit führt zu verstreuten und verwirrenden Resultaten. Ist es dann ein Wunder, dass uns das Leben oft durcheinander bringt und überfordert?

Das Licht einer Kerze verteilt sich überall im Raum, beleuchtet die einzelnen Gegenstände aber jeweils nur schwach. Eine Taschenlampe hingegen konzentriert sich auf einen bestimmten Punkt, sodass Du das gewählte Objekt genau betrachten kannst.

Dein Leben bietet Dir auf analoge Weise unzählige Möglichkeiten, Dich zu betätigen (erst Recht in der heutigen Zeit, in der „Individualismus" als das absolute Non plus Ultra propagiert wird und Du zwischen gefühlt 20 Millionen verschiedenen Studiengängen, Karrierewegen, potentiellen Partnern usw. auswählen kannst).

Richtest Du Deinen Fokus jedoch nicht gezielt auf einen bestimmten Weg, wirst Du an Orte gezogen, die alle nicht Deiner ursprünglichen Vorstellung entsprechen. Es ist genau dieser Zustand, der zu einem Gefühl von Ohnmacht und Verwirrung führt. Genau wie die Kerze den jeweiligen Gegenstand nur schwach erhellt, findest Du durch verstreute Aufmerksamkeit ebenfalls keine Klarheit, und die Lebenssituationen, in denen Du Dich befindest, scheinen wie schnell vergängliche Episoden, über die Du keinerlei Kontrolle besitzt.

Sobald Du aber mit einer konkreten Aufgabe durch die Welt gehst, auf die Du vollkommen konzentriert bist, werden die Gefühle von Ohnmacht und Verwirrung wie von selber verschwinden. Die Umstände, die Du nun erfährst, werden immer stärker in Bezug zu Deiner Aufgabe stehen, so dass alles, was Dir begegnet, dadurch einen Sinn bekommt.

6.2.2 Zu Befehl!!!

Schau Dir einmal so neutral wie möglich das Beispiel eines Soldaten an, unabhängig davon was Du von Krieg und Gewalt halten magst. Dieser Soldat ist nicht einfach nur irgendein Söldner, sondern er ist zu tiefst von der Aufgabe überzeugt, für sein Land kämpfen zu müssen. Alles was er tut, ist auf dieses Ziel ausgerichtet und bekommt somit eine tiefere Bedeutung. Wird sich dieser Soldat jemals nutzlos vorkommen oder Anzeichen von Depressionen aufzeigen, solange er glaubt, mit seiner Mission das Richtige zu bewirken?

Wohl kaum, wenn er dazu bereit ist, nach nur kurzem Schlaf früh am Morgen aus dem Bett zu springen, sich von seinen Vorgesetzten anschreien zu lassen und alle möglichen Schikanen über sich ergehen zu lassen. Er ist bereit das alles auf sich zu nehmen, weil er weiß, dass er Teil von etwas Größerem ist und sein Handeln einem höheren Zweck dient. Mit all dem Gesagten möchte ich Dich in keinster Weise dazu ermutigen, Dich für die Bundeswehr einzuschreiben. Ganz im Gegenteil sogar.

Wozu ich Dich vielmehr ermutigen möchte, ist, passend zu diesem Beispiel, ein Soldat Deines eigenen Lebens zu sein. Länder, Nationen und deren Ziele entstehen und vergehen früher oder später wieder.

Für diese oder andere unbeständigen Konstrukte zu kämpfen oder sich aufopfern zu wollen, wird Dir niemals dauerhafte Befriedigung bringen. Zu irgendeinem Zeitpunkt wird Dir die Vergänglichkeit dieser Dinge klar werden und damit der Sinn verschwinden, Dich für sie einzusetzen. Das führt dazu, dass Du Dich haltlos fühlst und in ein Loch fällst, bis Du ein neues Ziel findest, das Dir vermeintlich lohnenswert erscheint, und immer so weiter.

Wenn Du nur für reinweltliche Ziele kämpfst, egal ob es für eine Armee ist, für den realen Sozialismus, für die Rettung der EU oder auch für Greenpeace, wirst Du darin nie absolute Erfüllung finden. Wenn Du Menschen beobachtest, die sich hundertprozentig diesen oder ähnlichen Vorhaben verschrieben haben, wirst Du immer einen bestimmten Grad von Fanatismus, Getriebenheit und Unruhe erkennen können. Diese Unruhe kommt daher, dass die Ziele für die sie kämpfen, wie nobel sie auch sein mögen, wie alles in der materiellen Welt nur temporär bestehen können. Ein Teil von uns ist sich dieser Tatsache immer bewusst und lässt uns daher nie zur Ruhe kommen.

Der wahre Krieg findet nicht in Syrien, Irak oder sonst wo auf der Welt statt. Das eigentliche Schlachtfeld ist das Bewusstsein der Menschheit. Also wenn Du schon für eine Armee kämpfst, dann für die des höheren Ich.

6.3 Masterplan oder alles nur Zufall?

Das Einzige was wirklich unvergänglich ist und Dir das bleibende Gefühl eines höheren Sinns vermitteln kann, ist das unendliche Bewusstsein, Deine ewige Seele, oder einfach Gott, mit welchem Namen auch immer Du dieses Wesen bezeichnen möchtest.

In der heutigen Zeit zweifelt ein Großteil von uns an der Existenz Gottes. Aus eigener Erfahrung, behaupte ich, dass es auch der Mehrzahl der Menschen, die sich als religiös bezeichnen, egal ob nun Christen, Muslime, Buddhisten usw. an wahrer Überzeugung fehlt und dass ihr Glaube, wie Kosmetik, nur für die Außenwelt aufgesetzt wird.

Die modernen Priester sind die Wissenschaftler der großen Universitäten geworden, die ein radikal materialistisches Weltbild predigen. Nach dieser Ansicht bist Du ein durch Zufall entstandener Haufen Fleisch und Knochen, der durch Zufall Intelligenz und Bewusstsein entwickelt hat und der sich auf einem zufällig entstandenen Erd-Klumpen befindet, der zufällig und ziellos in einem durch eine Reihe von Zufällen entstandenem Universum herumtreibt.

Die sogenannte Aufklärung hat zwar dazu beigetragen, den Westen von der leidvollen Diktatur der christlichen Kirche zu befreien, aber gleichzeitig auch eine große Leere in den Herzen hinterlassen.

Wenn Deine ganze Existenz nur aus Zufällen besteht, wie soll Dir dann Dein Leben in irgendeiner Weise sinnvoll erscheinen? Daher ist es keine Überraschung, dass die Welt unter Depressionen, Selbstmordgedanken, Burnout, ADHS, mentalen Störungen und Zivilisations-Krankheiten aller Art leidet.

Die materialistische Denkweise ist nämlich von Grund auf eben genau das, krank. Und alles was sie mit sich bringt, ist noch mehr Krankheit, auch wenn sie uns vermeintlichen Fortschritt zu bringen scheint.

Machst Du hingegen die Erfahrung, dass wir ein Teil der Natur sind und dass der gesamte Kosmos ein einziger riesiger Organismus ist, mit dem Du auf ewig verbunden bist, dann fängst Du an zu spüren, was Gesundheit in Wahrheit bedeutet. So wie die Zellen in Deinem Körper trägst Du Deinen Teil zum Wachstum des Körpers unseres Universums bei und spielst somit eine wichtige Rolle in diesem großen Schauspiel.

Die höchste Stufe der Erkenntnis ist es, Gott als einen selbstständigen Organismus und als ein Lebewesen mit persönlichen Eigenschaften wahrzunehmen. Wir alle sind auf ewig individuelle Bestandteile dieses Lebewesens und stehen, ob wir wollen oder nicht, in ständiger Kommunikation mit ihm.

Je stärker Du Dich in Deine Gott-Frequenz[14] einfühlst, desto mehr wirst Du ihre Sprache verstehen. Im gleichem Ausmaß in dem Du Dein falsches Egozurückschraubst, das aus falschen Vorstellungen über Dich und die Welt entsteht, bringst Du Deine Wünsche in Übereinstimmung mit dem höheren Plan und erfährst dadurch immer stärkere innere Erfüllung.

Es kann sein, dass Du daran zweifelst, dass dieser höhere Plan wirklich existiert und dass Dein Leben ein Teil davon ist. Wenn Dir aber zum Beispiel jemand erzählen würde, dass das Haus, in dem Du wohnst, rein zufällig ohne jegliche Planung entstanden wäre, würdest Du ihn ganz sicher für verrückt erklären. Wie soll das ganze also für ein riesiges Gebilde wie unser Omniversum funktionieren?

Das Ausmaß unseres Kosmos ist für unseren begrenzten menschlichen Verstand unbegreifbar. Ich sitze gerade an meinem Schreibtisch und arbeite an diesem Buch, habe aber keine Ahnung, was auch nur in dem Raum neben mir passiert, geschweige denn irgendwo anders in diesem weiten Universum. Durch unseren Intellekt werden wir immer nur Teilaspekte der Schöpfung verstehen können und auch das nur in sehr eingeschränkter Form.

Wie die Dinge wirklich sind, kannst Du nur erfahren aber wirst es niemals durch noch so scharfsinniges und rationales Denken erschließen können. Das Ego will um jeden Preis an seiner mickrigen Existenz festhalten und hält Dich deswegen davon ab, zu den höheren Anteilen Deines Selbsts zu kommen. Auf diesen höheren Ebenen brauchst Du nicht mehr über die Beschaffenheit der Welt zu spekulieren. Der Einheit allen Seins können wir uns durch gedankliche Spekulation nur wage annähern; doch den Zustand von Erleuchtung, Christus-Bewusstsein, Samadhi[15] oder wie auch immer dieser Zustand genannt werden mag, erreichen wir nur durch praktische Erfahrung.

Die Idee, dass ein Individuum unabhängig von seiner Quelle, dem Spirit oder ewigen Geist, existieren könnte, ist reine Illusion. Eine Schraube ist für sich alleine genommen völlig nutzlos. Wenn Du sie aber in die für sie vorhergesehene Maschine einfügst, übernimmt sie dadurch eine bedeutende Rolle.

7. Energie und Intention

Das gesamte Universum wird von der Energie des Spirits erhalten und jede Kreatur lebt davon. Diese Energie lässt sich unabhängig von der Art Deiner Absichten verwenden, ob sie nun „gut" oder „schlecht" sein mögen. Genau wie bei elektrischer Energie aus der Steckdose, die Du für verschiedenste Geräte nutzen kannst, solange Du den passenden Anschluss benutzt.

Es gibt Menschen, die sehr versiert damit umzugehen wissen und dadurch große persönliche Macht für sich anhäufen. Nichtsdestotrotz, erreicht diese Energie ihre stärkste Kraft erst, wenn sie mit Liebe eingesetzt wird. Das, was wir Liebe nennen, ist die höchste Schwingungs-Frequenz im Universum. Wenn ehrliche Liebe der Beweggrund für Dein Wünschen und Handeln ist, befindest Du Dich dadurch in Resonanz mit dem höchsten Zweck. In einem Unternehmen würde man sagen, dass Deine Abteilung vollkommen das „Mission-Statement" der „Company" vertritt.

Es wird viel über das „Law of Attraction"[16] gesprochen und wie Du damit einige riesige Villa oder das schnellste Auto bekommst. Das hat ja bestimmt in einigen Fällen funktioniert und befriedigt dann auch sicherlich für eine gewisse Zeit Dein Ego.

Im Wesentlichen geht es jedoch darum, Deine Wünsche zu transzendieren und Deine individuellen Stärken in den Dienst der Gemeinschaft zu stellen. Wenn Du Dich so im Einklang mit dem höchsten Zweck befindest, wird Dir auffallen, wie Dir wirklich plötzlich alle möglichen Mittel, scheinbar aus dem „Nichts", zufallen.

Wie gesagt, unser Universum ist ein Organismus und als solcher, wie jeder andere Organismus auch, darauf ausgelegt zu wachsen und sich zu weiter zu entwickeln. Wenn Du durch Dein Handeln zu diesem Wachstum beiträgst, wird Dir dafür alle mögliche Unterstützung bereitgestellt. So wie einem Fußballspieler, der seiner Mannschaft zur Meisterschaft verhilft, vom Verein auch allerlei Annehmlichkeiten bereitgestellt werden.

Wenn dafür eine riesige Villa und ein Ferrari notwendig sind, dann wirst Du diese Dinge auch erhalten. Das ist aber kein neuer Trick oder „Life-Hack"[17] mit dem Du doch noch irgendwie an die Reichtümer kommst, die Du so sehr begehrst.

Wenn Deine Motive nicht ehrlich sind und Du nicht die entsprechende Intention hast, zuerst für andere und somit letztendlich zuerst für Gott zu handeln, wirst Du auf diesem Weg keine Fortschritte machen. Unsere heutige Gesellschaft fördert mit aller Kraft unseren Hang zu egoistischem Verhalten und wir alle wurden (die einen mehr, die anderen weniger) von klein auf dazu erzogen, stets auf den eigenen Vorteil bedacht zu sein. Daher ist es für jeden von uns ein individueller Prozess, sich eine selbstlose Grundhaltung anzueignen, der für manche schwerer und für manche leichter zu bewältigen ist.

Das sollte alles nicht dazu führen, dass Du Dich schuldig fühlst, weil Du schon wieder zu erst an Dich gedacht hast. Du kannst jedoch stetig Deine Achtsamkeit für Dein eigenes Verhalten steigern und Dich so, Schritt für Schritt ,dem Ideal annähern. Wenn Du, wie gesagt, mit ehrlichen Absichten vorangehst, zeigt sich mit der Zeit eine immer größere Leichtigkeit in Deinem Handeln.

Du wirst überall Wege finden, zu schummeln und durch irgendeinen Trick weiterzukommen; ob in der Schule, im Beruf oder beim Sport. Was Deine spirituelle Entwicklung anbetrifft, kannst Du ewig nach diesem Trick suchen; aber Dein eigenes Herz wirst Du nicht überlisten.

8. Re-Inkarnation und warum Dein Leben ein Geschenk ist

Das menschliche Leben ist ein wertvolles Geschenk, das Dir unendlich viele Möglichkeiten bietet, Dich Selbst zu verwirklichen und Dich wiederum für noch höhere Aufgaben zu qualifizieren. Diese Erkenntnis allein führt Dich zu innerem Frieden.

Aber wie willst Du diese Chance wahrnehmen, wenn Du davon ausgehst, dass Du hier einfach zu einer zufälligen Zeit in einem zufälligen Körper gelandet bist?

Die Idee der Reinkarnation wird in der westlichen Welt, zumindest im öffentlichen Raum, nicht ernst genommen und in den Raum des Fantastischen abgeschoben. In der jüngeren Geschichte der Menschheit ist die westliche Kultur dabei das erste und einzige bekannte Beispiel einer Zivilisation, die das Konzept wiederholter Geburten aus Prinzip verneint. In jeder anderen menschlichen Gemeinschaft ist der Kontakt mit der Welt der Verstorbenen stets ein elementarer Bestandteil gewesen.

Die Tatsache, dass wir im Kern spirituelle Wesen, also ewige Seelen sind, die sich nur immer wieder in neue körperliche Hüllen „kleiden", wurde nie grundsätzlich in Frage gestellt. Teilweise wurden die Aspekte des Rades von Geburt, Tod und Wiedergeburt so genau untersucht, dass daraus exakte Wissenschaften entwickelt wurden.

Mit unserer westlichen „rationalen" Sichtweise auf diesen Sachverhalt sind wir nicht die Normalität, wie wir so gerne glauben möchten. Vielmehr sind wir damit eine Absonderlichkeit. Wenn wir die Seelenwanderung von Grund auf ausschließen, obwohl unzählige Hinweise sie als faktisch belegen, ist das der eigentliche Aberglauben und zeugt von Verleugnung und allgemeiner Ignoranz.

Als erwachsener Mensch findet sich heute in Deinem Körper kein einziges der Atome wieder aus denen Dein Erd-Anzug noch im Kindesalter bestanden hat. Durch die ständige Erneuerung der atomaren Struktur vollzieht sich hier ein kontinuierlicher Wechsel. Rein körperlich gesehen bist Du schon lange nicht mehr die oder der, der Du mit sieben warst.

Trotzdem empfindest Du Dich immer noch als die gleiche Person, die Du in der Grundschule gewesen bist.Das allein zeigt Dir, dass das „Ich" mit dem Du Dich identifizierst unabhängig von Deinem aktuellen Körper existieren muss.

Das Wichtige für Dich ist es, Dich dadurch nicht verwirren zu lassen und zu verinnerlichen, dass Deine jetzige Verkörperung nur ein Stadium in einer langen Kette von Entwicklungen darstellt. Du findest in Dir alle Voraussetzungen, um zu wachsen und die schöpferischen Fähigkeiten um Dein Wesen neu zu erschaffen. Dieser kurze Moment, den wir unser Leben nennen, ist eine äußerst wertvolle Gelegenheit, Deine Entwicklung voranzutreiben. Dieses Geschenk nicht zu nutzen, kann nur als absolute Verschwendung bezeichnet werden.

Das menschliche Leben bietet Dir vielerlei Freiheiten, die den meisten anderen Lebensformen nicht zur Verfügung stehen. Die wahre Kunst ist es, diese Freiheiten nicht wahllos einzusetzen, sondern sie für den höheren Zweck zu verwenden. Erst dieser höhere Zweck, in dem was Du tust, wird Dir den inneren Frieden schenken, nach dem wir uns alle so sehr sehnen.

Diese Erfahrung hat mir in jedem Fall die Kraft dazu gegeben, dieses kurze Buch zu schreiben, und ich hoffe, dass Du davon profitieren kannst. Du bist bereit(s), was Du Dir wünschst zu sein.

Glossar

1: Schwingungs-Frequenz istein Begriff, der in der Esoterik häufig verwendet wird. Er bezieht sich auf die Erkenntnis, dass alles was existiert, ständig in Bewegung ist, also vibriert oder eben schwingt. Wenn es um geistige und emotionale Zustände bei Menschen handelt, stehen hohe Schwingungs-Frequenzen für den positiven- und niedrige Schwingungs-Frequenzen für den negativen Pol.

2: Social Engineering ist ein Ausdruck, vergleicht gesellschaftliche Entwicklungsprozesse mit der Entwicklung von Maschinen. Er soll zeigen, dass es bestimmte Gruppen und Personen gibt, die bestrebt sind, das menschliche Bewusstsein durch verschiedene Mittel und Wege in eine bestimmte Richtung zu lenken und die das Weltgeschehen so steuern möchten, dass es ihren Vorstellungen entgegenkommt.

3: Mind-Control werden verschiedene Methoden und Techniken genannt, um das Bewusstsein anderer zu beeinflussen und zu lenken.

4: Massenpsychologie beschäftigt sich mit dem Verhalten von Menschen in Gruppen und geht davon aus, dass wir in größeren Ansammlungen irrational handeln.

5: Linke Gehirnhälfte: Der Teil des menschlichen Gehirns, der im allgemeinen für das logische, rationale und analytische Denken verantwortlich ist.

6: Die Veden sind die frühen religiösen Weisheiten Indiens, die im Laufe des 1. Jtsd. B.C. in schriftlicher Form verpackt wurden.

7: Matrix ist als Begriff vor allem durch die gleichnamige Filmreihe bekannt geworden. Unter der Matrix wird in diesem Fall verstanden, dass wir uns in einer künstlichen Lebensrealität befinden, die nur ein Abbild der wirklichen Zustände darstellt.

8: Gta: Ein Videospiel

9: Mind-Set ist die Ansammlung von verschiedenen Annahmen und Glaubenssätzen, die wir in uns tragen und die unsere persönliche Einstellung ausmacht.

10: Omniversum erweitert noch einmal den Begriff des Multiversums, um zu verdeutlichen, dass wir in einer Welt leben, die ständig neu geschaffen wird und in der unendlich viele Universen zur gleichen Zeit existieren.

11: In der indischen Dreifaltigkeit stellt Vishnu neben Brahma, dem Schöpfer und Shiva, dem Zerstörer, den Erhalter da.

12: Unter den Gottheiten der alten Ägypter ist Ptha derjenige, der aus den ewigen Wassern von Nun heraussteigt, um die Schöpfung ins Leben zu rufen.

13: Die Wasser von Nun ist die ursprüngliche und ungeordnete Welt in der Mythologie der alten Ägypter.

14: Gott-Frequenz bezieht sich auf die höchste Stufe von Bewusstsein und Erkenntnis, die sich erreichen lässt.

15: Samadhi istein Wort aus dem Sanskrit, das einen Bewusstseinszustand beschreibt, der über den des Wach-Seins oder Schlafens hinausgeht und in dem wir uns mit dem Universum als Ganzem verbunden fühlen.

16: Das „Law ofAttraction" oder auf Deutsch „Gesetz der Anziehung" ist vor allem durch den Dokumentations-Film „The Secret" bekannt geworden und besagt grob, dass wir das anziehen, woran wir am meisten denken und uns so unsere eigene Wirklichkeit erschaffen

17: Life-Hack wird häufig in der Persönlichkeits-Entwicklung benutzt und bezieht sich auf bestimmte Strategien und Methoden um sein Leben erfolgreicher und/oder einfacher zu gestalten.